RESPIRATION POÉTIQUE

De la même auteure

- *Divers'cités*, Éditions La Bruyère, 2018 ;

- *Nouvelle vie, poésie…* Éditions du Puits de Roulle, 2018 ;

- *Rêveries, poésies… Le voyage des âmes*, Éditions BoD, 2019, diplôme du prix de poésie Stephen Liégeard 2021 ;

- *Arrêt sur image*, Éditions Maïa, 2021, 2ème au concours Stephen Liégeard 2022 ;

- *Poésie d'un autre pays*, Le Lys Bleu Éditions, 2021 ;

- *Au fil des mots*, Le Lys Bleu Éditions, 2022 ;

- *En attendant l'aurore*, Éditions BOD, 2024 ;

- *États d'âme*, Éditions BOD, 2024

- Participations à la revue *Florilège*, Les Poètes de l'Amitié – Poètes sans Frontières, Dijon.

Site internet : **marialhermenierpoesie.fr**

Préface

Comme l'oiseau fait glisser sa plume,
S'envole sur l'étang,
Je fais danser la mienne sur le papier
Avec l'inspiration du moment,
Instant béni
Où le chant de l'oiseau
Rejoint l'écrit,
Où les choses profondes en soi
Se mêlent aux mots
Et dont on aimerait faire
Quelque chose de beau,
Quand on décrit ce qu'on imagine ou qu'on voit
Tel un journaliste en émoi,
Des tableaux poétiques, réels ou pas,
Des chants d'amour
Des tranches de vie,
Le chemin de la poésie
Qui jamais ne se tarit…

Et à vous qui soutenez cet élan,

J'écris la vie
Jusqu'au bout de la nuit.
J'irai me coucher
Le soleil levé,
En paix…

Coucher de soleil au jardin

VEILLER

Quand les miens vont se coucher
Moi je reste pour veiller
Pour faire sas un moment
J'ai besoin de ce temps

De rester dans le silence
Dans le calme, en substance.
J'arrive à me concentrer
Pour écrire et méditer

Comme un rendez-vous
Je me souviens de tout.
Je pense à vous
Et cela m'est doux…

Avant de m'endormir
Pour, demain, repartir
Et me reconstruire
Pour avoir un avenir

PARTIR

Lorsque toi, le train
Tu nous prends par la main,
Nous partons en voyage
Voir d'autres paysages

Un changement ?
Pas seulement :
Un dépaysement
Un renouvellement

Dans ce monde agité
Retrouver l'intimité.
Découvrir, s'intéresser
Vers les autres, se tourner

Sur le chemin du retour,
Après notre parcours,
Rentrés à la maison,
Nous nous souviendrons
De cette parenthèse enchantée
Qui a tant apporté

Mais pour moi aujourd'hui
Je n'ai plus de nostalgie
Même si je reste ici,
Car je t'aime, ma ville, mon pays

J'ai bien voyagé de par le passé
Cela m'a enrichie pour le restant de ma vie…
Mais vient la sagesse,
Place à la jeunesse !

Plage de Sangatte

SORTIR DU RANG

Niveler par le haut
Niveler par le bas,
Normaliser ses pensées
Où est l'originalité ?

Épouser la société,
Aveuglément,
Jusqu'à en oublier
Sa personnalité…

Il devient urgent
De sortir du rang,
Se mettre de côté
Pour se réinventer

Imaginer un avenir
Se créer des lendemains
Bon sang, vivre !
Veiller jusqu'au matin

Puis la sagesse venant
Avec l'âge et le temps,
Forte de mon expérience,
Je pourrai la partager
Et m'en aller, en paix…

J'AURAI MOINS DE REGRETS

Œuvrer à sa vie
C'est toujours un souci,
Travailler à sa façon, pour s'en sortir
Pour soi et pour les siens,
Tracer son chemin
C'est le quotidien

Envie de m'amuser un peu
De profiter, d'être heureuse
Sans trahir ni me trahir
Être prudente, mais me divertir

Oublier un peu combien
Ce monde est plein de chagrins,
Oublier un peu la santé
Lire des livres, jouer

Avec les amis, partager
Manger, chanter, danser
Car un jour, tout peut s'arrêter.
Si j'ai un peu profité
J'aurai moins de regrets…

Penser
Encore penser,
Je fais le bilan
De ce que je comprends

Quand je n'ai plus d'attache
Lorsque tout me lâche,
Alors je réfléchis
En plein cœur de la nuit

Je pense à mes amis,
Réconfort de ma vie,
J'espère qu'ils resteront jusqu'à la fin
Jusqu'au bout du chemin,
Un peu comme toi
Qui t'es tourné vers moi

Vous êtes mes soleils !
L'amour est une merveille
Sans laquelle il ferait si froid
Qu'on ne survivrait pas…

MÉLANCOLIE D'AMOUR

Mélancolie d'amour
Je traîne la nuit, le jour.
Toi mon rocher, mon phare
Disparais dans le noir

Celui de la nuit des temps
Où le prince charmant
Abandonne le nid,
Où l'amour est parti

Je ne veux plus me perdre
À te chercher, à t'espérer,
Près de moi, je veux te prendre
Et t'avoir à mes côtés.
Vivre ensemble et partager
Ne cesserait de m'inspirer

Alors je me demande pourquoi
Il semble que je n'ai pas le droit
À ce que mon aimé soit là,
Que je ne puisse qu'espérer
Par la mélancolie d'aimer

ÉCLAIRCIES

Enfin des rayons !
Douce chaleur, sensation,
Par le soleil, dispersés
Sur une terre, éprouvée
Par des jours sans lumière,
Une longue nuit d'hiver

Viendra le printemps
Et, les jours rallongeant,
Le soleil bienfaisant
Renverra ses éclaircies
Dans la nuit de ma vie

« Éclaircie, dans la nuit de ma vie »

Sainte-Cécile plage

MER

Je t'attends, je t'espère
Patiemment, toi la mer

Je veux revoir ton littoral
Pour sortir du banal,
Retrouver tes marées
Et tes pêcheurs à pied

Le sel dans les naseaux
Les embruns parfumés
Le contact de l'eau
M'ont à jamais marquée

En été,
Les petits voiliers, légers
Par les vagues, sont ballotés
Et sur la plage, les enfants sont bercés

En hiver,
Ce que j'aime, c'est marcher
Sur la digue ensablée,
Et regarder les lumières
Qui ne cessent de changer

Et quand vient la tempête
C'est là qu'on te respecte,
Qu'on se confronte aux éléments
Avec tes vents violents
Et tes vagues déchaînées
Que nul ne peut dompter…

Mers, dunes, sable et océans,
Vous m'attirez comme un aimant.
Irrésistiblement,
Je reviendrai, instinctivement

LES MOTS

Rien ne peut remplacer
Tous les mots spontanés

Ceux dits avec les yeux
Quand on est amoureux,
Ces poèmes sur papier
Qu'on aime à partager

Ces mots qui caressent
Ces mots de tendresse,
À l'oreille glissés
À un être aimé

Ces mots, les voici
Offerts, ma vie !

DANSE

Quand la danse commence,
Nos deux corps s'élancent
Sur la piste avec légèreté,
Nos mains, nos pieds tournés
Vers la terre, vers les cieux,
Bougent sur la musique
Par des gestes gracieux.

Nous sommes transportés
Dans ce tourbillon enchanté,
Attirés par la perfection
Et ce moyen d'expression,
Assoiffés de liberté…

LA TEMPÊTE

Comme après une tempête
Résonnant dans la tête
Vidée par l'émotion
À force d'action

Je reste sonnée
Comme un chien battu,
Même sans pleurer
L'automne est venu

Je cherche les mots
Inspirés « d'en haut »
Où l'air est si pur
Où l'amour est sûr,
Mais c'est bien la terre
Qui m'inspire ces vers,
Et c'est la patience qui me guérit
Des aléas de la vie !

SOURCE D'INSPIRATION

Source d'inspiration…

Animale, végétale ou paysages
Quand la nature est belle,
Ou bien quand on voyage

Soit la nature humaine,
Parfois sombre et désolante,
Connaissant la haine
Ou généreuse et intelligente,
Aimante

Soit les hommes et les femmes
Animant notre âme,
Sensuels ou sensibles
Curieux ou créatifs

Tout cela est gratuit,
Substance de la vie,
Permet ce que j'écris
Et vous offre ici !

PASSER

Fatiguée, épuisée
Comment affronter
La réalité ?

Un regard
Un sourire
Un espoir
Qui fait vivre

Puis s'en aller
Se ressourcer
Panser ses plaies,
S'isoler,
Pour l'écrire
Et revenir

Avant de définitivement partir
Cycle de la vie, à l'infini !

VAGUE À L'ÂME

Vague à l'âme
Lame de fond
Un sentiment profond
Le fil de l'émotion

Avoir la sensation
D'être loin de tout
Détachée de l'amour
La tête dans le guidon

Un dimanche au repos
Une longue journée
Se mettre de coté
Puis revenir à nouveau

Refleurira demain
Au petit matin
L'espoir renaîtra
L'hiver finira !

À MARIE

Je suis là dans ta détresse
Dans un élan de tendresse,
Lorsque rien ne va plus
Lorsque tu n'en peux plus,
Quand tu crois quitter le chemin,
Je te prends la main
Parfois sans mots,
Je suis là, près de toi
Pour te garder à flots,
T'accompagner en poésie,
Toi qui a tant écrit…

Marie-Henriette et Claude

MARIE-HENRIETTE ET CLAUDE

Une belle journée
Vraiment. Un anniversaire :
65 ans de mariage,
De vie partagée

Une belle lignée
Une famille, aimée
Aujourd'hui rassemblée,
Et nous par amitié.
Pas de manière,
De l'affection donnée

Marie-Henriette et Claude, votre vie
N'est pas faite que de poésie,
Mais de courage et de sincérité
Et de quotidien à affronter

Que la fin du chemin vous soit douce
Main dans la main jusqu'au bout
Entourés d'amour,
Vous êtes un exemple pour nous

MON BEFFROI

Beffroi de Douai (59),
Monument posé
Sur mon plat pays,
Tel une vigie

Comme tes congénères
Tu domines la ville,
Mais toi, tu préfères
Te rendre accessible

Tels tes géants :
La famille Gayant,
Qui vient s'exposer
Tous les mois de juillet

Veillant sur l'histoire
De ta ville : Douai,
Tu es en majesté
La journée et le soir,
Illuminé

Sois le repère des habitants
Pendant encore longtemps.
Ils te le rendent bien :
Tu es lié à leur destin

Mon beffroi (Douai)

POÈTES

Poètes, je vous lis,
Vous me portez.
Je m'envole,
Je l'écrirai

Vos mots me soignent,
Je les ai dits moi aussi.
Mes peines s'éloignent,
Vous me redonnez vie !

Je les retrouverai
Ces mots offerts et partagés,
Généreux et inspirés,
Un souffle pour aimer…

UNE ÉTOILE

Une étoile luit
Au-delà de nos nuits
Dans nos yeux, nos cœurs
Et anime nos vies !

MON ÎLOT DE VERDURE

Mon îlot de verdure,
Berceau de mon enfance,
Tant de souvenirs
De repas de famille
Et de jeux d'enfants

Maison de nos cœurs
Enfouie en moi pour toujours,
Pour offrir aux amis passant
L'hospitalité en toute saison,
Havre de paix et de consolation

FIDÈLE

À toi, mon indicible,
Fidèle des fidèles,
Avec toi, je me sens belle
Je n'ai pas de secret pour toi

Combien de choses je t'ai confié,
Ma réserve, je l'ai oubliée.
J'ai appris à parler petit à petit,
Dans tes bras, j'ai fait mon nid

Mes amours passionnées
M'ont rongé les sangs,
M'ont menée, cruels amants,
Vers des désirs jamais comblés

Avec toi, tout est tendresse et simplicité.
C'est notre anniversaire ce jour.
Qu'importe le temps qui passe, mon amour,
Avec toi, je veux rester !

JE T'AI CHERCHÉ

J'ai passé ma vie
À te chercher, mon ami
Pour te chérir

Mais rien ne nous appartient
Pas même l'amour
Qui s'égrène entre nos mains
Au point du jour

Avec toi sur le chemin
J'imaginerai des lendemains,
Toi, l'autre, mon ami
Que je retrouve en poésie…

JE NE VEUX PLUS MOURIR

Je ne veux plus mourir
Car je t'ai rencontré.
La vie est à nous,
Soyons donc un peu fous

Dans mon humble histoire
Tu es mon espoir

Et si je meurs demain
Ce n'est pas important,
Tant que tu tiens ma main
Jusqu'au dernier moment

EIMIE

Eimie, mon amie
Tu es souvent partie,
Mais tu aimes ta maîtresse
Et toutes ses caresses

Tu rentres à la maison
Pour manger tes croquettes
Que te donne à foison
Notre amie Bernadette
Et toute son affection

Une patte dedans, une patte sortie
Toi mon amie Eimie,
J'aime ta liberté
Elle me fait rêver

Vous les chats, vous donnez
Ainsi votre amitié
Et vous nous révélez
Toute notre humanité…

MA MIMIE

Dans la folie de cette vie
Tantôt déchaînée, tantôt morose
Avec toi sur le canapé, je me repose

Ronronnant sur moi,
Nous partageons les câlins
Comme savent le faire les chats,
En oubliant les chagrins
Une sorte de Nirvana

Tu me réconcilies avec les humains
Me fais leur tendre la main
Et aimer la vie à l'infini,
Merci ma Mimie !

MES LOULOUS

J'ai adopté leur rythme
Pour leur donner leurs repas,
Ils font partie de ma vie
Comme ils se sont adaptés à moi

Et c'est au quotidien
Que je m'occupe de leurs besoins.
Mais de moi aussi ils prennent soin :
Par leur présence et leur confiance
Ils font du bien

Mimie est toujours avec moi,
Je n'aime pas en être loin.
Blanco et Nougat sont sans cesse au jardin,
Mais je m'inquiète quand je ne les vois pas

C'est de l'amour partagé
Quand ils se font caresser
Ils m'ont tant apporté…

Blanco, Nougat et Mimie
Nous nous sommes compris,
Vous embellissez ma vie !

Mimie

Blanco et Nougat

MA DOUCE MIMIE

Ma Mimie,
Si douce dans la vie,
Tu es d'une tendresse
Et d'une telle gentillesse,
Qu'on ne peut te résister.

Même de Lapinette
Qui s'est forgé
Un caractère bien trempé,
Tu n'oses t'approcher

Avec toi, tout est grâce et gaîté.
Toujours prête à jouer,
Tu aimes partager les câlins
Avec tes humains

Quel bonheur de nous être trouvées.
En toutes choses, je t'accompagnerai
Comme tu sais aimer
Ma Mimie

MON BLANCO

Mon doux chat
Tu n'es pas à moi,
Mais tu viens tous les jours dans le jardin
Pour chercher à manger
Et avoir tes câlins.

Tu aimerais bien rentrer
Je le sais bien,
Mais je ne suis pas chez moi…

Un jour peut-être, tu trouveras
Une famille qui t'aimera et t'adoptera,
Je l'espère de tout cœur pour toi,
Toi mon doux chat des rues,
Pour toujours bienvenu…

Dylan et Eimie

Dinah

LES DYDIS CHATS

Les Dydis,
Vous n'êtes pas anoblis
Mais avez la noblesse
De votre espèce

Toi, Dinah, plus jeune des Dydis
Tu ne te laisses pas approcher
Mais tu es si jolie
Qu'on peut te pardonner

Toi, Dylan, ancêtre des Dydis
Avec toi, c'est une longue histoire.
Bien sûr que tu vieillis
Mais tu es si gentil,
Et tu gardes en mémoire
Les richesses de ta vie

À votre chère maîtresse
Vous offrez votre tendresse,
Offrez votre présence
À notre amie Laurence

Tous les chats font ainsi
Ils font du bien, confient leur vie,
Et moi je vous aime bien,
Les Dydis…

Graffiti

GRAFFITI

Petit Graffiti,
Tes beaux yeux dans la nuit
S'allument et nous éclairent
Tels des réverbères

Petite panthère
Qui m'inspire ces vers,
Ta robe est noire de jais,
Brillante et bien lustrée

Tu es un fin gourmet
Et c'est très difficile
Pour mon amie Chanty
De te faire manger

Tu sais que tu es de race,
Petit chat Bombay,
Conscient d'une importance
Par tous tes concours gagnés

Mais quand tu es lové
Sur les genoux de Chanty,
Allongé, confiant, abandonné,
Elle peut oublier tous les soucis
C'est aussi ça, aimer…

FÊTES

Il flotte dans l'atmosphère
Comme un air de fête,
En ces fins d'années
Toujours renouvelé

Même si sur la terre
Tout est chamboulé
On ne sait plus quoi faire
Pour tout arranger,
Les affaires, les choses
Les temps sont moroses

Espérons une trêve
La magie de Noël
Même si elle est brève,
Face aux guerres, pour l'écologie
Comme une embellie

FAMILLE

Famille, je t'aime
Au cœur de Noël,
Dans la nuit même

Autrefois, nous étions un peu éloignées.
Tantôt tu m'appréciais, tantôt tu m'ignorais.
Je m'étais un peu isolée,
Nous étions séparées.

Maintenant, nombreux sont au ciel
Nous revenons à l'essentiel,
Et toutes les occasions
Que nous partageons
Sont des moments gagnés,
Du bonheur échangé.
Dans les coups durs,
Nous serons là, c'est sûr.

Famille, je t'aime
En plein cœur de Noël

NAÏVETÉ

Naïveté de croire et d'aimer
Dans ce monde chamboulé,
Où tes enfants révoltés
Préfèrent la guerre à la paix,
Où la haine et la violence
Ont toutes leurs chances,
Même le sombre est recherché

Mais je ne désespère pas
Car d'autres que moi croient,
Croient en la liberté
En la solidarité
En la lumière et la vie

Malgré un passé parfois douloureux
Et des évènements malheureux,
Croire en l'avenir
Savoir le construire
Contre vents et marées,
Croire et aimer
De façon éclairée,
Naïveté assumée

RÉUNIES

Éloignées
Pendant des années,
Enfin réunies
Par les hasards de la vie

Un lien encore plus fort
Par ce qui nous rassemble,
Avec la volonté
De ne plus nous quitter,
Nous avons tant de choses encore
À partager…

PETITE FLEUR EN HIVER

Petite fleur,
C'est bientôt l'hiver
Tu dors sous la terre

Tout semble en léthargie
La vie est au ralentie,
La nature se repose en hiver
C'est la traversée du désert

Mais quel espoir de savoir
Que tout est seulement endormi
En cette longue nuit

Car tu dors et pourtant
Je sais qu'au printemps
Tu te réveilleras
Tu refleuriras
À nouveau nous émerveilleras !

Jardin d'hiver

JARDIN D'HIVER

Paysage enneigé
Tout est au ralenti
Tout est refroidi
Dans ce décor givré

La ville s'est arrêtée
Les gens sont rentrés
Les transports sont bloqués.
Dans les coins reculés,
Le silence s'est installé

Les animaux dehors
Cherchent un peu de chaleur
Un coin où s'abriter
Pour se protéger

Et lorsque vient la nuit,
La neige forme un tapis
Qui étouffe les bruits.
Seule la lune éblouit
Sa blancheur éternelle,
Fatale et belle…

PRINTEMPS

Nous sommes au printemps
Quelle joie !
Qu'importe le temps,
Ni trop chaud, ni trop froid
Belle saison que celle-là !

Les poètes l'ont appréciée
La vie renaît,
Revient le temps d'aimer…

« La vie renaît »

Glycine du jardin

DANS MON JARDIN

Dans mon jardin, il y en a du monde !
Ses habitants n'attendent pas une seconde :
Il faut vivre pleinement,
Mettre à profit chaque instant !

De la plus petite herbe à l'arbre majestueux
Et, au milieu des fleurs
Les insectes pollinisateurs.
Sur les rochers bronzent les lézards,
Et les grenouilles croassent dans la mare…

Les oiseaux viennent boire l'eau,
Manger les grains et chanter dans les sapins,
Attraper les insectes qu'ils détectent…
Par leur beauté, on ne peut que les admirer

Tous envahissent harmonieusement l'espace
Ils s'organisent en biodiversité ou biomasse

Et les chats dans tout ça ?
Ce sont les rois !
Devant les portes, ils attendent
Patiemment leur pitance,
Acceptent quelques caresses,
Un peu de tendresse
Dans la rudesse de la vie des rues,

Mais ils ne décollent plus
De ce jardin si accueillant
Qui protège tant d'habitants,
Un monde merveilleux
Offert,
Pour le bonheur des yeux…

LA CIGALE

Moi, j'aime la cigale
Symbole des beaux jours
Quand les oiseaux chantent l'amour
Et appellent leur égal

Inutile en apparence,
Elle meuble nos silences,
Nos solitudes cachées
Lorsqu'enfin vient l'été

Chantant jours et nuits
Elle s'en donne à cœur joie,
N'en déplaise à la fourmi
Elle a une place de choix,
Pour les gens du sud et de Navarre
Elle n'est pas avare
Et s'offre aux regards

Jusqu'à ce qu'un matin, elle le sait
Elle arrive à sa fin, épuisée
À force de s'être donnée,
Les beaux jours passés…

À toi, l'automne que voilà
Où la nature s'endormira,
Gardons l'espoir de jours meilleurs
Et quelque part dans notre cœur

Le chant d'une cigale
À nos oreilles, comme un soleil
Et au fond des yeux,
Une étoile…

PETITE FLEUR EN ÉTÉ

Une fleur ouvre sa corolle,
Tend son cœur, dans les herbes folles

Chauffée doucement par le soleil
Butinée par les abeilles,
Sous la caresse du vent,
Tu es très utile à tous tes habitants

Puisses-tu rester sur terre
Au milieu de tes congénères,
Pas coupée, les racines bien ancrées,
T'épanouissant
Dans ton petit monde charmant

Petite fleur, je t'attends
Au prochain printemps
Impatiemment…

DE POÈME EN POÈME

Telle une abeille
Volant de fleur en fleur,
Au soleil
Plongeant en leur cœur

Je passe de poème en poème
Pour vous dire « je vous aime »,
De tableau en tableau
Pour explorer le beau

Les couleurs du jardin,
Les lumières sur le chemin,
Les odeurs en légèreté
Des fleurs en été

Tel le travail des mains
Du couturier ou du potier,
Ou sur l'instrument du musicien
Par les notes égrainées

Célébrer le cœur et l'âme
Lorsque les deux sont nobles,
Et tel le poète,
De tout ça, faire une fête…

ENCORE RÊVER

Avec pour horizon
Les terrils et le charbon,
Avec pour vision
L'autoroute et la télévision,
Je ne peux me projeter,
Ne peux imaginer…

Heureusement il y a le jardin
Où je peux observer
La nature et méditer,
Me ressourcer pour demain

Et dans le quotidien
Il y a mes animaux
Qui m'inspirent bien des mots,
De chats, de chiens ou de lapins

Il y a mes amis
Que j'aime à l'infini,
Qui m'aident à traverser
Le quotidien, à l'améliorer

Mais j'aimerais tant revoir un étang,
La mer ou la montagne,
M'y promener vraiment
Si quelqu'un m'accompagne

La ville est bien pratique
Mais n'a rien de mystique.
La nature et les humains
Sont plus inspirants à la fin

Emmenez-moi vers l'extérieur,
Que je me souvienne qu'il y a ailleurs
Sans toutefois trop m'éloigner :
J'aime mon petit monde à m'occuper,
Mais aidez-moi à rêver…

DÉDICACE

Vous rencontrer
Et partager,
Dans un cœur à cœur
Lors d'une journée

Je ne vous connais pas
Mais de vous à moi
Quelle importance ?
Nous parler est une chance !

J'aimerais partager
Ce que vous comprendrez
De ma raison de vivre
Que je laisse dans mes livres

Est-ce que je vous reverrai ?
Peut-être jamais.
Je confie juste un peu d'espoir
À votre mémoire
Qu'avec vous, vous emmenez…

QUELQUES MOTS

Je n'ai rien :

Que quelques mots
Qui m'habillent et me portent,
À travers les brises.

Mon seul bonheur :

Qu'ils parviennent à vous
Comme un chant léger,
Un rêve partagé…

Table des matières

Édition : BoD · Books on Demand, 31 avenue Saint-Rémy,
57600 Forbach, bod@bod.fr
Impression : Libri Plureos GmbH, Friedensallee 273,
22763 Hamburg (Allemagne)
ISBN : 978-2-8106-2889-6
Dépôt légal : Février 2025